Escribe tu nombre en la primera página del libro de las hadas, los hechiceros y los duendes. ¿Cómo te imaginas a estos personajes? Dibújalo.

El hada Tintineos ha encontrado algunos nombres por el bosque. Repasa con el mismo color las parejas de nombres que son iguales.

Dino
Axel
BRUNO
Bruno
CARLA
Carla
DINO
AXEL

Escribe en el estanque un nombre que empiece por la letra **B** y otro que empiece con la letra **A**.

Repasa la secuencia de las letras.

bababababababa

Dibuja y pinta las farolas según el modelo.

Observa las letras del cuento del hada Tintineos. Repasa las letras **A** con color rojo y las letras **B** con color amarillo.

Cuando el hada Tintineos se traslada a un árbol nuevo, se lleva sus cosas. Observa todo lo que trasladará y rodea solo los objetos que son muebles. Después, escribe el nombre de algún mueble.

El ideograma chino que significa «noche» se repite cinco veces. Rodéalos.

歌 夜 世 數

夜

Observa las letras que tiene la llave del hada Tintineos y memoriza su orden.

La barca contiene dos cosas. El nombre de una de las cosas empieza con la letra **C** y el nombre de la otra cosa empieza con la letra **D**. ¿Qué serán?

Recuerda y escribe en cada globo un nombre que empiece con la letra **D**.

Observa estas tres puertas. Si recuerdas las letras de la llave del hada Tintineos, descubrirás qué puerta pertenece a su casa. Repasa las letras de la puerta correcta.

Estas hadas llevan regalos para la nueva casa de Tintineos. Colorea solo los elementos que se pueden comer.

En el jardín del hada Tintineos hay un elefante blanco. Todas estas palabras significan «elefante» en diferentes idiomas. Relaciona los nombres que son del mismo idioma. Rodea las palabras que están en tu idioma.

éléphant

ELEPHANT

ELEFANT

elefante

elephant

ÉLÉPHANT

ELEFANTE

elefant

efefefefefefefefefefefefef

Repasa la secuencia de las letras.

En el jardín de Tintineos... ¡llueven letras!
Nombra estas letras y memorízalas.
Repasa con el mismo color las letras que son iguales.

Tintineos ha escrito en su libreta las letras de la palabra «elefante». Recuérdalas y repásalas con una cera.

Las hadas han preparado dos regalos. ¿A quién se los darías? Escribe el nombre de un niño en una etiqueta y el nombre de una niña en la otra etiqueta.

Cada vestido de hada tiene una letra del alfabeto fenicio.
Relaciona los vestidos que tienen la misma letra.

Dibuja dentro de la caja una cosa cuyo nombre empiece con la letra **G**. Intenta escribir su nombre.

Memoriza las letras que salen de las nubes de humo.
Repasa las letras iguales con el mismo color.

¡El hechicero quiere transformar un sapo en un príncipe! Imagina la poción mágica que preparará y escribe en el libro los nombres de los ingredientes que necesitará.

¡Solo los hechiceros saben dónde está la Isla Mágica! Todas estas palabras significan «isla» en diferentes idiomas. Relaciona los nombres que son del mismo idioma. Rodea las palabras que están en tu idioma.

ÎLE island ISLA

ILLA isola

isla

ISLAND

ISOLA

îlе

illa

Dentro del caldero hay dos objetos. El nombre de uno de ellos empieza con la letra **I**. El nombre del otro empieza con la letra **J**. ¿Qué serán? Intenta escribir sus nombres.

Nombra estas letras en voz alta
y memorízalas. Repasa las letras **J** con
color rojo y las letras **I** con color azul.

A B j D g a G d I J b i

Repasa la secuencia de las letras.

jijijijijijijijijijijiji

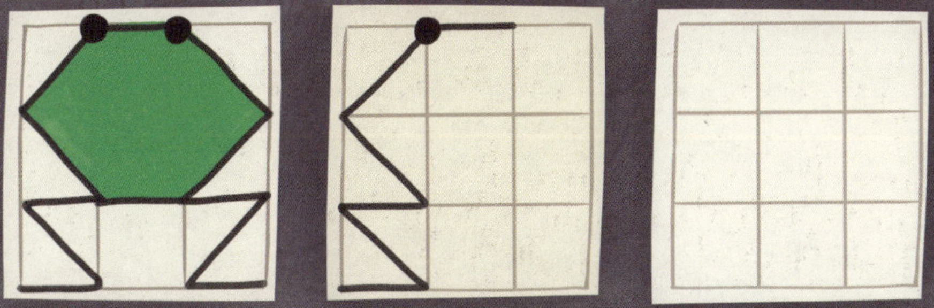

Completa y decora
las cuadrículas
según el modelo.

Escribe en el libro del hechicero una lista de las cosas que crees que son más importantes en los trucos de magia.

El hechicero ha preparado un hechizo para transformar un gato en un león. Todas estas palabras significan «león» en diferentes idiomas. Colorea con el mismo color los carteles de los nombres que son iguales. Rodea las palabras que están en tu idioma.

Nombra estas letras en voz alta y memorízalas. Repasa con el mismo color las letras que son iguales.

¿Recuerdas el hechizo del hechicero? Si rodeas la primera letra del nombre de este animal, quizás podrás deshacer el hechizo y ¡volverá a ser un gato!

Observa las palabras que hay en la mano del hechicero y rodea las que no están escritas en tu idioma. Después, repasa con color amarillo la palabra que sí es de tu idioma. Dibuja su significado en la nube mágica.

¡Cuántos duendes! Repasa las letras **M** y **N** de los nombres de los duendes según el color de las letras del hechizo.

Memoriza las letras del nombre de ADAM y de MAE.

A ADAM y a MAE se les han desordenado las letras de sus nombres. Recuerda los nombres de cada uno y escríbelos al lado de cada duende.

Repasa las letras.

Estos traviesos duendes ¡se han disfrazado de animales! SAM se ha disfrazado de gato y no deja de maullar. NEO lleva un disfraz de vaca y muge todo el rato. Escribe los sonidos de los animales que representan.

El Príncipe quiere recoger los zapatos que dejó para arreglar, ¡pero PAM no los encuentra! Por suerte, PAM siempre escribe las tres primeras letras del nombre del cliente en la suela. Rodea los dos zapatos del Príncipe.

PAM guarda algunos tesoros en el sótano. Memoriza la forma que tiene la llave que abre la caja de los tesoros de PAM. Después, tapa la llave con la mano y rodea las dos llaves que son iguales a la suya.

Escribe el ruido que hacen la campana, el claxon del coche y el martillo que guarda PAM en el sótano.

Escribe el nombre de PAM en la caja.

Los duendes tienen el árbol de las letras en su jardín. Repasa las letras que aparecen tres veces con grafías diferentes.

Repasa la secuencia de las letras.

SAM y RENÉ quieren escribir sus nombres en los carteles. Ordena las letras y escribe el nombre de cada uno en su cartel.

Rodea la grafía que es diferente de las demás en los pies de las camas y completa el nombre de cada duende en los cabeceros. Lee y memoriza los nombres.

Escribe tres deseos que pedirías a la lámpara maravillosa de TOM.

TOM ha recibido una invitación de Palacio. El Príncipe ha invitado a los duendes a la celebración de su cumpleaños. Escribe los nombres de los duendes en la invitación.

El Príncipe celebra una gran fiesta en Palacio.
Lee las palabras que aparecen en los fuegos artificiales y rodea las que crees que no son de tu idioma. Después, dibuja en la bandera el significado de la palabra que está escrita en tu idioma.

Observa el instrumento que tiene NEO. ¿Qué letras tiene la palabra «VIOLÍN»? Repasa con colores las letras que están en la palabra y escribe la palabra «VIOLÍN» en el tronco del árbol.